ÉTUDES PSYCHOLOGIQUES
Nº 1

QUATRE HEURES
D'ANGOISSES

PAR

FIRMIN MAILLARD.

MDCCCLXIX.

ÉTUDES PSYCHOLOGIQUES

—

QUATRE HEURES

D'ANGOISSES.

ÉTUDES PSYCHOLOGIQUES

N° 1

QUATRE HEURES
D'ANGOISSES

PAR

FIRMIN MAILLARD.

MDCCCLXIX.

— Un beau temps pour la pêche, père Goulven?

— Heu! Heu! pas si beau que ça M. Jean,
la mer est grosse..... ce n'est pas le tout d'aller,
il faut revenir..... et il ne fera pas bon ce soir,
voyez-vous.

— Tiens, je croyais qu'il faisait un temps superbe; il n'y a pas de vent.....

— Pas de vent!.... et le vieux pêcheur étendit

la main; qu'est-ce donc, ça? Je vous le dis, la nuit sera rude pour ceux qui seront en mer. Ah! parbleu, quand j'étais jeune, ce n'est pas cela qui m'eût retenu, j'en ai vu bien d'autres; mais on a beau dire, lorsque l'âge vient il ne faut plus de ces plaisanteries là.... J'ai peut-être pas longtemps à manœuvrer et je gouverne au plus près.

— Eh bien, moi, je vais au rocher du Sanglier.

— Comment au *Sanglier*, mais à la nage alors; vous savez que la mer ne se retire pas jusque là.

— Mais oui, à la nage; il y a une centaine de brasses...

— Oh! mettez-en encore cinquante, allez; ça ne paraît pas sur l'eau, mais il y a bien cent cinquante brasses.

— C'est pour rire, M. Jean, que vous allez au *Sanglier*, interrompit le fils du père Goulven, un grand beau gars qui, assis sur la porte, raccommodait un filet.

— Mais non, ce n'est pas pour rire; depuis un mois que je me baigne vis-à-vis de ce rocher j'ai envie d'y aller; tous les jours je remets, je ne sais trop pourquoi, et aujourd'hui j'ai décidé que cette petite promenade me servirait de bain.

Vous n'avez pas bien choisi votre jour, car la mer est forte; elle n'en a pas l'air, mais quand vous y serez vous verrez et cela augmentera; moi je n'irais pas.

— Bah! bah! fit le père Goulven, M. Jean sait assez nager pour faire ce chemin-là, je lui en ai vu faire plus long; je leur dis cela aux autres le dimanche à l'auberge, vla deux Messieurs de l'intérieur des terres que je vois nager, nager..... qu'il n'y en a pas un dans le pays pour les mettre à la cape. Ah! mais oui! le premier c'était aussi un Parisien comme vous (je dois dire ici que pour le père Goulven tous les messieurs de l'intérieur des terres, comme il disait, étaient des Parisiens). — Tu sais bien, Yvonnie, qui je veux dire, celui qui était chez les Poville, pour nager, il nageait, mais c'était rien vis-à-vis de vous. Ah ! ce n'est pas une menterie, il n'y en a pas un d'ici trois lieues de côtes qui nage comme M. Jean.....

— Nager ou pas nager, quand la mer est mauvaise, dit Yvonnic, c'est tout comme ; ça lui est bien égal qu'on nage.....

— C'est pas l'embarras, ça ne sert pas à grand'chose et Pierre, le fils du père Mahé, qui s'est noyé, savait nager.

— Mathurin aussi.....

— Oui tout de même, Mathurin ; ah ! quand il y a une tempête, c'est comme si on sifflait..... peut-être bien que dans les rivières, c'est utile..... Elles sont donc bien larges ?

Le *elles sont donc bien larges* du père Goulven me fit sourire, il me rappelait un petit mousse que j'avais emmené avec moi comme domestique ; il n'était jamais sorti de son port de mer, aussi, à Lyon, à la vue du Rhône, son étonnement ne le céda qu'à son admiration et il s'écria en joignant les mains : ô ma Doué !

(mon Dieu!) dire que tout ça c'est de l'eau douce !

— Viens-tu, Yvonnic, conduire M. Jean jusqu'à la pointe ? je veux vous voir embarquer.

— C'est pas possible, dit Yvonnic en quittant son filet, c'est pas possible que vous fassiez ce coup-là ?

— Allons donc, disait toujours le vieux, M. Jean est bien dans le cas d'aller là......

— Et à quoi que ça vous avancera, me demanda l'obstiné Yvonnic ?

Il m'eut été difficile d'expliquer à ce jeune gars, vivant d'une vie éminemment pratique, que ce rocher pointu exerçait sur moi, depuis longtemps, une sorte de fascination, d'attraction; le soir au soleil couchant, étendu sur le sable fin de la plage, bien des fois j'avais vu cette masse s'animer sous ma pensée et prendre les formes les plus étranges; puis à mesure que le soleil s'enfonçait à l'horizon, les apparences devenaient des figures aux contours déterminés et il me semblait voir sortir de la mer un homme gigantesque, replié sur lui-même comme succombant sous le poids de sa douleur, l'âme de la mer écoutant les voix désespérées que lui jette l'abîme. Je ne pouvais pas non plus lui dire, puisque je me l'avouais à peine à moi-même, qu'une puérile vanité me poussait aussi à entreprendre ce petit voyage.

Je répondis donc à Yvonnic que m'occupant d'histoire naturelle, mon intention était d'aller chercher sur ce rocher des algues pour ma collection.

— Ah! fit-il du ton d'un homme qui aurait encore besoin d'être convaincu, et de quel côté allez-vous aborder?

N'ayant pas songé qu'il pouvait y avoir là une difficulté, je répondis ingénument : mais vis-à-vis mon point de départ, je suppose.

— Là, voyez-vous, dit Yvonnic en haussant légèrement les épaules; eh bien, ça n'est pas possible avec une mer comme celle d'aujourd'hui, vous seriez brisé contre le rocher. C'est dangereux déjà quand la mer est calme.....

— Pour çà, fit le vieux, le gars à raison, c'est nord-ouest qu'il faut aborder et par le travers, sans quoi vous risqueriez fort de vous ouvrir le ventre sur une pierre, et il n'en manque pas là bas !

— Oui, continua Yvonnic, il y a deux pointes qui avancent dans la mer et qui forment goulet, c'est par là qu'il faut arriver et ce ne sera pas encore très commode. Tenez, franchement, vous êtes libre de faire ce que vous voulez, eh bien, vous avez tort d'aller là.

— Ah bi, dit le père Goulven, si on l'écoutait..... comme si M. Jean ne savait pas ce qu'il a à faire. Et puis, voyez-vous, si c'est écrit ça arrivera, si c'est pas écrit ça n'arrivera pas; on a beau lâcher toute sa toile ou la serrer..... quand le bon Dieu a dit : c'est fini, il n'y a plus qu'à plier bagage.

Le fatalisme de ce vieux breton ne me rassurait pas plus que les objections prudentes de son fils et j'avoue que je trouvais la mer un peu bien agitée... mais que pouvais-je faire au point où j'étais arrivé, c'est-à-dire au moment de me mettre à l'eau ? Reconnaître que les avis donnés par Yvonnic étaient dictés par une sage prudence c'était reconnaître que j'agissais comme un enfant; quant à revenir avec eux au village, c'était avoir peur..... — Non, il fallait y aller; du reste j'en avais réellement un désir très vif... et puis, Yvonnic exagérait beaucoup puisque le père Goulven, un vieux marin, n'y voyait qu'une promenade un peu longue peut-être pour tout autre que pour moi.

J'ôtai les seuls vêtements que j'eusse pris pour cette petite excursion, c'est-à-dire un pantalon et une vareuse; je les pliai avec une économie qui eût fait honneur au porte-manteau d'un vieux troupier, car bien souvent étant gamin, quand je traversais le Rhône à la nage pour faire l'école buissonnière, je transportais ainsi d'un bord à l'autre divers objets assez lourds, mes souliers, ma grammaire latine, mon pantalon, mon gradus, ma chemise, mon Quicherat, etc. Je liai donc sur ma tête ma vareuse et mon pantalon, puis pas-

sant la corde dans l'anneau d'une ceinture gym-
nastique qui me serrait les reins, je lui donnai
deux brasses de longueur et j'en attachai l'ex-
trémité au collier de mon chien, un petit loup-
loup que j'affectionnais beaucoup et qui me
suivait partout... excepté à l'eau.

Je dis adieu à mes deux pêcheurs et je pris
si adroitement la vague — car il n'y avait pas
pied là où j'entrai à l'eau — que je fus trans-
porté du coup à une certaine distance, d'où
néanmoins j'entendis encore les bravos du père
Goulven qui disait que pour embarquer, c'était
crânement embarquer.

— Ne restez pas longtemps, me cria Yvonnic,
la mer commence à monter.

De fait, la mer était grosse et j'avais besoin de
toute ma science nautique pour me diriger;
l'entrée du goulet, comme disait Yvonnic, n'était
pas large et la distance me la faisait paraître
encore plus étroite; deux fois, je la manquai et
ce ne fut qu'à grand'peine que je parvins à
éviter d'affreuses pointes contre lesquelles le

flot me chassait vigoureusement; à la troisième tentative j'arrivai sur un lit de cailloux, mais j'arrivai un peu n'importe comment, car je m'écorchai le genou et me fis une profonde entaille à la cuisse. Mon pauvre chien à demi-asphyxié essayait de rendre l'eau qu'il avait bue le long du chemin, et j'aurais pu tout aussi bien ne pas me déshabiller, car deux ou trois lames avaient passé sur mes vête-ments. Je les endossai cependant et grimpai rapidement au-dessus du rocher afin de bien faire constater ma prise de possession; j'agitai mon béret en signe de triomphe et il me sembla voir remuer sur le rivage deux points noirs que je pris naturellement pour Goulven père et fils.

Ils devaient m'avoir vu; c'était assez pour que ma vanité fût satisfaite et je n'avais plus qu'à revenir, car mon rocher avait perdu tout pouvoir fascinateur. La possession avait tué le désir; à mesure que je m'étais approché de lui, l'image s'était évanouie, les contours fantastiques s'étaient arrêtés nets, tranchants et coupés à arêtes vives; où j'avais vu une ombre je trouvais un squelette, où j'avais rêvé une âme je me heurtais à un caillou.

Je descendais donc, lorsqu'un bruit, bien familier à mes oreilles de pêcheur, vint attirer mon attention; il partait d'une excavation étroite mais profonde et m'indiquait, à n'en pouvoir douter, la présence d'un homard ou tout au moins celle d'un superbe crabe.

J'aime assez cette sorte de pêche à la main quoique je n'y sois pas de la force d'Alphonse Karr qui, dans un livre sur la pêche, dit avec cette *franchise* pleine de bonhomie et de naïveté qu'on lui connaît lorsqu'il parle de lui-même — et cela lui arrive quelquefois — qu'il est le plus habile pêcheur d'étrilles à la main du Havre à Étretat, sept lieues de côtes.

Non, je ne pourrais consciencieusement pas en dire autant; je pêche les étrilles ni mieux ni plus mal qu'un autre voilà tout, seulement je prends à cette poursuite un plaisir si vif que je me mis assitôt en mesure d'attaquer la bête. Et puis, revenir avec un homard, c'était encore mieux que de revenir les mains vides, aussi je ne négligeai rien pour arriver à mon but; j'apercevais l'animal, c'était une magnifique langouste qui, du fond de son trou où je ne pouvais l'atteindre, me regardait faire très tranquillement. Ah! si j'avais eu mon crochet, mon *croque-tout* comme ils l'appellent ici! mais je n'étais pas venu pour pêcher des langoustes et après quelque temps perdu en vaines tentatives, force me fut de renoncer à la pêche.

Je me relevai et regardai autour de moi.

Oh! m'écriai-je, et un frisson glacé me passa sur les épaules.

Je n'étais pas resté longtemps à la poursuite de cette langouste, du moins le temps ne m'avait pas paru long et cependant la mer avait monté, monté; l'horizon semblait avoir reculé et les deux cents brasses s'étaient multipliées; était-il déjà trop tard pour partir?

Je me heurtai aux angles de la pierre dans ma

précipitation à chercher l'endroit où j'avais abordé ; deux fois, je fis le tour du rocher, deux fois ce fut un temps précieux de perdu ; la mer qui avait beaucoup grossi depuis la marée montante le couvrait entièrement et j'étais presque sûr, en me jetant à l'eau au hasard, d'être brisé contre le rocher avant même d'avoir pu le quitter. Le chemin avait doublé ; des vagues énormes roulaient avec fracas et de minute en minute il me devenait impossible d'espérer gagner la côte, d'autant plus que sans précisément me faire souffrir, l'entaille que je m'étais faite à la cuisse m'avait raidi la jambe.

Je ne suis pas un peureux, c'est-à-dire que je n'ai jamais été attaqué par cette maladie qui vous pénètre jusqu'à la moëlle des os et vous trouble au point de vous faire perdre la tête : je me suis trouvé une ou deux fois dans le cours de ma vie au milieu de complications terribles d'où le sang-froid pouvait seul me tirer et je suis toujours resté maître de moi-même, ce qui d'ailleurs, je le vois aujourd'hui surtout, ne m'a jamais empêché de faire une sottise.

2

Je m'assis et je réfléchis.

J'avais trop attendu pour pouvoir m'en aller, cela était certain; maintenant il ne me restait plus qu'à attendre encore, c'est-à-dire à passer sur ce rocher une partie de la nuit jusqu'à la marée prochaine, ce qui n'avait rien de bien agréable. Je n'avais pas chaud dans mes vêtements mouillés et Goulven père et fils devaient rire un peu de la station forcée que j'allais faire — le tout pour mon bon plaisir.

Tout-à-coup une pensée rapide comme l'éclair et froide comme la lame d'un poignard me traversa la cervelle, la laissant pour ainsi dire figée autour d'elle.

Ce rocher découvrait-il à mer haute ?

Oui, dans quatre heures d'ici, lorsque la mer aura atteint sa plus grande élévation, ce rocher ne sera-t-il pas balayé par les vagues ?

Je n'en sais rien, ou je l'ai oublié..... au fait, l'ai-je jamais su ! Grands dieux ! mais alors je suis perdu sans espoir, sans lutte, sans rien..... quoi ! Dans quatre heures ces flots que je vois à quelques pieds au-dessous de moi se ruer avec rage contre ce rocher, ces flots m'entraîneront dans l'abîme ....

Mais il découvre peut-être ?....

Et comment le saurais-je, puisque je n'ai plus assez de calme et de sang-froid pour interroger mes souvenirs; ma pensée gravite autour de ces deux points implacables : le rocher est-il recouvert par les eaux ou ne l'est-il pas ? Je cherche à me rappeler, à me souvenir d'hier, et rien! Je ferme les yeux et la mer m'apparaît calme, unie comme un beau lac, sans le moindre rocher qui brise sa surface..... — ce qui veut dire que je suis perdu. J'essaie encore. Je ferme les yeux et il me semble voir la mer tourmentée venir se briser contre ce roc..... je suis sauvé !

Impossible de penser et de voir autre chose.

Ce moment de faiblesse passa cependant; mon pouls reprit une allure régulière et je pus envisager ma situation avec calme et réflexion. J'examinai attentivement ce maudit rocher, je le parcourus dans tous les sens, mais rien ne vint me tirer de l'incertitude dans laquelle je me trouvais; je ne rencontrai ni touffe d'herbes, ni mousse, ni même de ces coquillages qui, par leur présence, m'eussent aidé à savoir si la mer le recouvrait. J'approchai mes lèvres, j'embrassai cette horrible pierre, elle était salée; mais qu'est-ce que cela prouvait? L'évaporation est telle que bien souvent en me promenant au bord de la mer, je n'avais qu'à passer la langue sur mes lèvres pour les sentir salées. Enfin, après de longues et minutieuses recherches, je finis par découvrir un petit creux de la largeur d'une pièce de cent sous; il était plein d'eau. Était-ce l'eau du ciel? Était-ce l'eau laissée par la mer à la dernière marée?... J'allais donc savoir mon sort.

Penché sur ce petit réservoir, je restai long-temps à considérer cette goutte d'eau qui allait me dire si je devais vivre ou mourir. Avant cette découverte, je regardais l'état de perplexité dans lequel je me trouvais comme la situation la plus horrible qu'on pût imaginer; plutôt mille fois la mort, pensais-je, et voici que maintenant je n'ose sortir de cette perplexité. Ce doute, ce doute affreux était encore une espérance, et je vais l'échanger contre une certitude plus affreuse encore! Cependant, par un mouvement prompt et rapide, presque irréfléchi, — comme si j'eusse pressé la détente d'un pistolet appuyé sur mon front, — je me baissai et aspirai un peu de cette eau.

Elle était amère comme la douleur, salée comme les larmes,.... j'étais perdu! Tout-à-l'heure, j'avais encore à vivre trente ou quarante ans peut-être, — je n'ai plus maintenant que quatre heures,..
....

Mais pourquoi donc ce misérable Goulven ne m'a-t-il point prévenu de cela, et cet Yvonnic, avec ses recommandations,.... n'était-ce pas la première chose à me dire? Ils ont cru que je le savais ;.... oui, le vieux m'a crié de ne pas rester longtemps, c'était cela probablement. Insensé que je suis! je vais dans la vie comme un enfant, ne me servant de l'expérience que les années me donnent que pour mieux envisager les déplorables conséquences de toutes mes folies.

Oh! puisqu'ils ne me voient pas revenir, pourquoi n'expédient-ils pas une barque? Vont-ils m'abandonner?....

Quelle horrible tempête! le vent souffle avec violence et des vagues énormes viennent se briser contre le roc qu'elles paraissent ébranler. Il est évident qu'on ne peut mettre une barque à la mer, à quoi servirait-elle? Ne lui serait-il pas impossible d'aborder?....

La nuit s'avance sombre et menaçante, depuis combien de temps la mer remonte-elle? Il me semble qu'il y a des années et il y a à peine deux heures! j'ai donc encore quatre heures à attendre.

Quatre heures à vivre, quatre secondes!

Quatre heures pour mourir, quatre siècles!

Mourir..................................

Oh! ma pauvre vieille mère! pardon! pardon! ne vais-je pas te tuer aussi! Ah! misérable! avais-je le droit de risquer cette vie à laquelle une autre existence était attachée! — Elle était inquiète de ma santé, je lui ai écrit ce matin pour la rassurer et je serai mort quand elle recevra cette lettre ! Je lui disais ma vigueur, mes forces revenues et j'étais à l'agonie, je lui parlais de l'avenir et je vieillissais en ce moment-là de tout ce qui me restait à vivre.

De quelle façon lui arrivera cette nouvelle ? Personne ne me connaît ici ; le journal de la localité racontera le malheur arrivé à un baigneur naturaliste, car ce sera Goulven qui donnera les détails de l'accident, et j'irai, bien involontairement, usurper une place au martyrologe de la science ; puis ce fait-divers reproduit par un grand journal arrivera dans une dizaine de jours trouver ma mère tranquillement occupée à m'écrire. Elle ne lit pas les journaux, on viendra lui apprendre la nouvelle,... qui ? un ami, un parent, un étranger peut-être. On lui dira d'abord que je suis malade, bien malade, mais cependant qu'il n'y a encore rien de désespéré ; car c'est ainsi, je crois, que procèdent par humanité mal entendue les personnes sensibles ; puis, quand on l'aura bien torturée, qu'on lui aura retourné le poignard dans la plaie et que la pauvre femme, quittant tout, voudra partir, ne fut-ce que pour embrasser une dernière fois son enfant, on lui dira que c'est inutile, — que je suis mort.... depuis dix jours.

Et si, ne mourant pas sur le coup, elle demande où est la tombe de son fils pour aller y pleurer, on lui montrera une fosse vide et elle aura beau, la pauvre âme, se pencher et écouter pendant de longues heures pleines d'angoisses, rien ne sortira de cette tombe silencieuse, de ce sépulcre mort.

Oh! qui peut prévoir la destinée? — Nous devons, dit la sagesse, être toujours prêt pour la mort, mais à vingt-neuf ans être sage c'est être triste..... Hier soir, avant de me coucher, j'ai pris un plaisir mélancolique et vague à entendre le courlis jeter dans le vent sa note désolée. Était-ce donc le messager que m'envoyait la mort? Ah! comment aurais-je eu le pressentiment de ma fin prochaine, à mon âge on ne sent pas, comme

John Keats, les marguerites pousser sur soi.

Mourir....................................

Encore si j'avais vécu! mais non, j'ai passé sottement mon existence à apprendre à vivre! monotones et tristes comme les grains d'un chapelet usés par la même prière, les années m'ont glissé entre les doigts,... dix, vingt... qu'importe le nombre puisqu'elles se ressemblent toutes. Et je suis arrivé au soir de ma vie n'emportant dans ma nuit que le souvenir cuisant des fleurs que j'aurais pu cueillir, des papillons dont j'aurais pu m'emparer.

— Que Dieu vous donne longue vie, m'a dit ce matin un vieux paralytique à qui je faisais l'aumône. Longue vie.... quelle dérision! j'ai vingt-neuf ans et je vais mourir; je suis plein de vie et de santé et cependant lorsque ce vieillard me disait cela il y a quelques heures, j'étais plus âgé que lui, lui qui a quatre-vingts ans et qui, depuis vingt ans, promène sans l'éteindre à travers la maladie et la misère, la flamme tremblotante d'une vie toujours prête à lui échapper.

Du reste, quelle folie! Au point où je suis arrivé, cet homme que j'envie parce qu'il a vécu longuement est-il plus avancé que moi? Et n'est-elle pas de Massillon cette belle pensée que quand j'aurais commencé avec le monde, le passé ne me paraîtrait ni plus long, ni plus réel. — Croirais-je que les jours à venir ont plus de réalité que les jours passés!

Oui, mais je suis homme et rien de ce qui est humain ne m'est étranger; aussi je tiens à la vie et ne vois pas ce qu'il y a de honteux à avouer ce sentiment; j'y tiens et sans toutefois y attacher plus d'importance qu'il ne faut, je la défendrai, quoique sans espoir, mon Dieu!

Je suis assis au haut du rocher; j'ai ôté mes vêtements et suis prêt à la lutte; mon chien, qui grelotte, me lèche les pieds, pendant que je lui mets son collier; — la pauvre bête! elle ne voulait pas venir, c'est moi qui l'ai forcée à me suivre... Je serai donc toujours cause du malheur de ceux que j'aime!...

Moi aussi, je tremble! je suis glacé et j'ai le

sang à la tête, la paume de mes mains est sèche et brûlante, je n'ai plus de salive.... — Est-ce que j'aurais peur?

Oui, j'ai peur, et je tremble parce que j'ai froid et que j'ai peur.

Ah! je l'envie, la mort de celui qui a pu répondre que le froid seul le faisait trembler à ce moment suprême; et cependant, quelle expiation fut plus longue et plus douloureuse que la sienne! Il mourait au milieu des clameurs, des vociférations de la foule; les hommes lui jetaient de la boue, les femmes lui crachaient au visage! Eh bien, c'est cette foule, ce sont ces outrages que je lui envie!

Mais la mort du misérable qu'accompagnent à sa dernière station ces deux hommes — eux aussi, morts pour le monde — le prêtre et le bourreau, oui, cette mort ignoble, au milieu de cette populace avilie qui vient se repaître de cet odieux spectacle, cette mort même est préférable à la mienne, mort froide, solitaire et sombre comme la nuit qui m'environne.

Et quelle nuit! nuit profonde et tumultueuse; les vagues que je ne vois pas m'étourdissent de leur fracas; à de rares intervalles, j'aperçois quelque chose de blanc qui paraît et qui disparaît sur cette mer tourmentée, et, sachant que c'est l'écume, je rêve une voile, une barque en perdition. Fou cruel que je suis! être plusieurs à mourir, voilà mon espérance. Tout autour de moi, l'horizon semble se rétrécir et je vois se dessiner en noir, sur le ciel gris et lourd qui pèse sur ma tête, des montagnes, des forêts, des villes superbes, avec leurs monuments grandioses et leurs cathédrales gigantesques. Puis, par moment, toutes ces ombres s'enfuient et rentrent dans la nuit noire.

Il fait nuit aussi dans mon âme! Comme ce malheureux dont parle Pascal, « je ne vois que des infinités de toutes parts, qui m'engloutissent comme un atôme et comme une ombre qui ne dure qu'un instant sans retour. Tout ce que je connais, c'est que je dois bientôt mourir, et ce que j'ignore le plus, c'est cette mort même que je ne saurais éviter. »

Oui, je vais rentrer dans cet inconnu — comme j'en suis sorti — c'est-à-dire nu de corps et d'esprit et je vais y rentrer sans appréhension ni envie, puisqu'il n'est pas en mon pouvoir de le changer. Peut-être y trouverai-je la vérité! — Et à quoi bon? L'ai-je cherchée quand elle pouvait me servir et l'ont-ils trouvée tous ceux qui la cherchent? Ai-je pris le marteau du géologue pour frapper la pierre et l'en faire jaillir? Ai-je braqué sur quelque lumineuse hypothèse le télescope de l'astronome? Non, pas plus que je ne l'ai demandée aux spéculations du philosophe ou aux affirmations déraisonnables du prêtre?

La leçon de philosophie vient de finir pour moi..... et je n'ai pas une croyance à jeter dans les eaux pour changer leur amertume en douceur.

N'ai-je pas dit que la vie m'était chère et que j'avais peur de la perdre?... Non, non! vaines et passagères terreurs, je vous secoue, comme le voyageur, las, mais heureux d'avoir gravi la montagne, secoue la poussière qui l'a assailli pendant la route; comme lui, je regarde derrière moi sans crainte et sans murmure, puisque le chemin parcouru n'a plus de fatigue et que je touche au but. Ah! que la mort vienne! son approche ne me glacera pas d'effroi; elle me trouvera calme, résolu, je la combattrai.... et si je dois être vaincu, je tomberai en soldat de la vie, plein d'énergie et d'audace.

A-t-on peur de quelque chose quand on va mourir! Je sens au contraire mon courage et ma vitalité se décupler aux affres de la mort. Au dedans de moi s'agitent des forces surhumaines, tous les héroïsmes, tous les dévouements semblent gonfler ma poitrine! Oh! les Curtius! les Décius! les Caton!... où est-il donc votre courage?... Vaniteux Empedocles, vous seriez-vous précipité dans le gouffre sans l'espérance de le voir rejeter vos sandales?

Orgueil ou dévouement, le gouffre se refermait sur eux et le sort était désarmé! tandis que moi, hélas! je ne me jette pas dans l'abîme, j'y tombe, et l'abîme reste ouvert pour d'autres victimes! trépas stérile, trépas misérable!

La mer monte, monte..... je suis debout sur le rocher et les vagues, comme des dogues furieux aboyant à la mort, hurlent autour de moi. De temps en temps une lame plus forte que les autres arrive bondissant se briser contre le roc et m'inonder de son écume ; un feu brille sur le rivage, je m'y réchauffe. Viendrait-on à mon secours ! — Non, c'est quelque pâtre ou un douanier qui trouve la nuit un peu fraîche, voilà tout.

Sait-il, cet être, pendant qu'il se chauffe tranquillement, qu'à peu de distance de lui, un homme va mourir ? Eh ! lors même qu'il le saurait, cela lui rendrait-il la nuit moins froide et moins longue ?

Il y a des moments où je rêve un bouleversement des lois de la nature ; je me dis que peut-être la mer va pour moi, s'arrêter dans son mouvement ascensionnel..... Mais les attractions célestes, me crie la science et je me surprends à regretter — comme une espérance — l'ignorance et la superstition qui attribuaient ces phénomènes à la colère divine.

Vanité, vanité! Que suis-je donc pour croire que ma mort peut troubler les grandes harmonies de la nature; le ciel sera-t-il plus sombre demain, le soleil moins brillant..... Non, petites et grandes choses, toutes continueront de se mouvoir dans ce merveilleux ensemble qui frappe l'esprit d'étonnement et d'admiration. Demain, l'eau sera verte et limpide et les baigneurs s'y plongeront sans nul souci des drames qu'elle porte avec elle; demain, la bonne femme dont les sabots matineux m'éveillaient dès l'aube, ne se levera ni plus tôt, ni plus tard, le coq chantera comme à l'ordinaire et les heures s'écouleront toujours courtes à ceux qui rient, toujours lentes à ceux qui pleurent.

Je ne sais..... Mais les dômes, les cathédrales, tout ce monde imaginaire a disparu, l'horizon s'est rapproché et forme autour de moi comme un anneau magique; d'innombrables cloches jettent dans mes ténèbres leurs voix sonores et à leurs accents qui deviennent peu à peu plus sourds, plus étouffés, succèdent des mélodies étranges pleines de tristesse et d'amertume, qu'accompagnent en sourdine leurs volées lentes ou précipitées. Des bruits mystérieux, des voix désespérées montent de l'abîme, tous les malheureux sombrés dans les tempêtes élèvent vers moi leurs os blanchis; ils parlent une langue obscure comme la nuit, effrayante comme elle et que cependant je comprends; chaque vague me crie : viens; et, comme les flots, ces clameurs m'enveloppent et m'étouffent.

Quoique tout en moi ne soit que trouble et confusion, je sens que j'arrive à l'instant critique; la mort qui plane sur moi, me touche de ses ailes; tout ce que j'entendais tout à l'heure s'est changé en un bourdonnement insupportable, comme si mes oreilles étaient déjà pleines d'eau; j'ai des éblouissements continuels, des spasmes convulsifs agitent mes membres roidis par le froid. Toute ma vie passe et repasse devant mes yeux avec la rapidité de l'éclair, et je suis comme ce sultan qui n'avait qu'à plonger sa tête dans l'eau pour voir pendant ce court instant sa

3

vie dans les faits les plus éloignés et les plus perdus.

Les hauteurs les plus vertigineuses n'ont jamais causé d'aussi horribles sensations que cette mer furieuse m'entourant de toutes parts; je ferme les yeux et ce délire semble augmenter, c'est un miracle que je tienne encore sur cette petite plate-forme et mes ongles saignent à vouloir entrer dans la pierre; la tête me tourne, le cœur me manque..... Tout ce que je puis faire — et pour cela il me faut un effort incroyable de volonté — c'est de fixer le feu qui brille toujours à la côte; si mon corps est crispé sur le rocher, mon esprit est accroché à cette lueur que je vois mourir à l'éclat fiévreux qu'elle donne à des intervalles de plus en plus éloignés.

Combien de temps dura cette situation, des secondes, des heures, des années !.... je l'ignore; ce n'est pas sur la succession des minutes, mais bien sur l'intensité de mes souffrances que pouvait se mesurer avec justesse la durée vraie de ce moment terrible.

Tout-à-coup mes nerfs se détendirent ; ma poitrine, comme dégagée d'un poids affreux se gonfla et aspira l'air froid de la nuit ; je pus regarder autour de moi et surtout comprendre ce que je voyais.

La mer baissait !..... Le vent s'était apaisé et la mer, plus calme, commençait à décroître lentement. J'étais sauvé !

Les vagues, tout en ne faisant pas disparaître entièrement le rocher, le couvraient de leur écume et la perfide excavation qui m'avait trompé se trouvait de nouveau remplie.

Ah ! comme toutes mes terreurs, toutes mes angoisses disparurent rapidement ; comme tout cela devint vite le passé. Je restai quelques minutes écrasé par la plus grande jouissance que j'aie jamais éprouvée ; puis, peu à peu cette jouissance fit place à un plaisir plus calme et plus réfléchi. Je repassai dans ma tête cette douloureuse épreuve que je venais de traverser, essayant de souffrir encore par le souvenir pour aviver le sentiment de bonheur indéfinissable que je ressentais. Le danger d'hier ne fait-il pas la joie d'aujourd'hui.

. . . .

. . . .

J'ai voulu, dans ce qui précède, recueillir les diverses sensations que j'avais éprouvées, je les ai notées scrupuleusement, n'omettant rien de mes défaillances et de mes contradictions, et cependant ce récit tout en étant la réalité même n'est pas la millième partie de cette réalité ! — Et comment pourrais-je coordonner toutes les pensées qui pendant ces quatre heures torturèrent mon cerveau, puisque le souvenir seul de cette agonie me donne le vertige.

Mes vêtements étaient tellement mouillés qu'il était inutile de les remettre, aussi m'en enveloppai-je le mieux que je pus en attendant que la mer fut assez basse pour pouvoir gagner la côte. Mon impatience était extrême; une sorte de surexcitation nerveuse avait remplacé la torpeur dont un moment j'avais été accablé et ce fut avec beaucoup de peine que j'attendis le retrait de la mer ; le flot couvrait encore le lieu de mon débarquement lorsque je me jetai à la nage, équipé de la même façon qu'en allant, c'est-à-dire avec mes vêtements liés sur ma tête et mon chien attaché à la ceinture. La traversée fut lente mais peu pénible ; la mer était bien moins mauvaise que lorsque j'étais venu et malgré la roideur de ma jambe et un peu de faiblesse — j'avoue que ce qui me soutenait était une force factice — mes nerfs me conduisirent jusqu'au rivage.

Qu'allais-je dire à ceux qui m'interrogeraient ? à ceux qui me demanderaient si j'avais eu peur ? Leur raconterais-je l'horrible agonie de ces quatre heures ? non, non..... d'ailleurs sachant que le rocher découvre et ne pouvant penser que je l'ignorais, ces braves gens ne doivent avoir eu aucune crainte à mon sujet.

Et puis, là, réellement, avais-je donc eu si peur ?

Et je pensais à ce contre-maître de l'*Astrolabe* dont l'histoire — quand j'étais enfant — avait souvent agité mon sommeil : la ceinture de glaces qui depuis quelques jours emprisonnait le navire, s'ouvre tout-à-coup ; les matelots, qui chassaient à l'ours blanc, courent au vaisseau et se rembarquent, — seul, le contre-maître n'a pas entendu l'appel. Il lève la tête, aperçoit le navire — voiles gonflées — se balancer sur les flots ; les bras tendus, sans voix, les yeux aveuglés par les larmes, il court, il se précipite ; il saute d'un glaçon à l'autre, trébuche, tombe, se relève pour retomber encore ; les mains meurtries, le visage ensanglanté, il arrive au dernier glaçon et se jette à la nage, l'insensé ! comme s'il pouvait espérer rattraper le vaisseau. Heureusement à bord, on sait qu'il manque un homme ; une barque est mise à la mer et le malheureux est recueilli au moment où les forces l'abandonnaient. Quand il revient à lui, il est sur le pont de l'*Astrolabe* et sourit d'un air hébété à ses compagnons qui l'entourent ; peu à peu le sentiment que j'éprouve maintenant l'envahit, et au capitaine qui lui demande s'il a eu peur : — Peur, répond-il, ma foi non, ça n'aurait pas été agréable de rester au milieu des glaces, mais quant à avoir peur, jamais, je ne connais pas cela.

— Ah ! fit le capitaine en souriant, eh bien qu'on apporte un miroir à cet homme.

Le misérable avait blanchi complétement en cette courte agonie.

Oui, je pensais à cet homme et je me demandais, si moi aussi, je n'avais pas blanchi ; me reconnaîtrait-on ?.... J'arrivai près du feu mais il n'y avait personne et je gagnai rapidement le village sans rencontrer âme qui vive ; tout le monde dormait profondément..... Et moi qui me préparais à dire à ces braves gens qu'ils avaient eu tort de s'inquiéter !.... Mon propriétaire dormait comme les autres, seulement il avait eu une attention qui me fit d'autant plus de plaisir que je m'y attendais moins ; en ouvrant la porte de ma chambre, je poussai une exclamation de joie en la trouvant éclairée par un bon feu brûlant dans l'âtre ; sur la table une bouteille de vin, du sucre et un citron, près du foyer une casserole de fer, indiquaient que l'attention avait été poussée plus loin et pour la première fois, je remerciai intérieurement cet homme, un gros rustaud dépaysé à travers ces pêcheurs et que je n'aurais jamais soupçonné capable de soins aussi féminins.

Tout brisé que j'étais, je me levai le lendemain comme d'habitude, ne voulant pas avoir l'air d'attacher plus d'importance à mon escapade faite que je n'en attachais lorsqu'elle était à faire et j'allai me promener. J'étais l'objet de toutes les conversations et ma sotte vanité se trouva un moment fort à l'aise au milieu de ces braves pêcheurs qui ne tarissaient pas sur le courage et surtout sur le sang-froid et la prudence que j'avais montrés.

— C'est tout de même crâne, ce que vous avez fait là, me dit Yvonnic, car vous n'avez pas eu peur; je le sais bien, moi qui vous ai vu tout le temps.

— Comment vous m'avez vu ?....

— Ah ! dame oui ! si ça ne vous a rien fait
d'être là, moi ça me faisait joliment de vous y
voir et j'ai eu une fière peur. J'ai allumé du feu
pour vous faire la veillée ; j'avais la lunette de
nuit du syndic et je ne vous perdais pas de vue.
Je pensais bien que vous saviez que le rocher
découvrait à mer haute, mais il découvre si
peu..... c'est là que j'avais peur ; je me disais
la tête tournera à M. Jean, il aura peut-être le
vertige de voir toute cette eau autour de lui et
il se jettera à la mer ; ou bien il croira qu'il vaut
mieux revenir à la nage que d'attendre plus
longtemps..... Et puis, vous savez, dans ces
moments là, on pense un tas de choses ; des fois,
je me disais, M. Jean ne sait peut-être pas que
le rocher découvre..... alors j'ai fait du feu pour
vous tenir compagnie, quoi !

— Comment Yvonnic, c'est vous qui aviez
allumé ce feu?

— Ah ! faut pas lui en vouloir, fit le père
Goulven qui me contemplait avec admiration,
il est comme ça le gars ; défunt sa mère était la

même chose, il croit toujours que tout est perdu ; hier soir quand nous avons vu que vous n'étiez pas revenu avec la marée, il y en avait du pays qui disaient : faudrait peut-être essayer avec des signaux d'avertir M. Jean qu'il doit rester sur le rocher ; car il n'y avait que ça à craindre ; si vous étiez revenu à la nage vous étiez fichu ; mais je leur ai dit : Laissez donc, M. Jean connaît son affaire. Je ne sais pas où il a appris tout ça, peut-être bien dans les livres, mais il en sait plus long que vous sur la marine et il a crânement embarqué aujourd'hui et par une rude mer ! C'est comme Yvonnie avec son feu, je lui disais : tu verras que M. Jean ne sera pas content, que tu vas l'ennuyer, tu ferais bien mieux de venir te coucher..... Enfin, je vous ai dit, c'est comme défunt sa mère, il ne faut pas lui en vouloir.

— Mais je ne lui en veux nullement, et je serrai la main d'Yvonnie ; ah çà, lui dis-je, Yvonnie, pourquoi donc cette nuit ne vous ai-je pas trouvé auprès de votre feu ?

— Ah! voilà, M. Jean; quand je vous ai vu vous mettre à la nage, je vous ai suivi avec la lunette jusqu'à terre et quand vous avez abordé, j'ai couru au village voir si le feu que j'avais fait dans votre chambre allait toujours; et puis, j'ai mis du vin et du sucre sur la table, parce que je me suis dit, il n'a pas dû faire chaud sur le rocher avec des vêtements mouillés et M. Jean sera peut-être bien aise de trouver tout cela.

— Brave cœur, m'écriai-je, mais pourquoi ne m'avez-vous pas attendu afin que je vous serre la main.

— Oh! j'ai pas osé, fit Yvonnic en rougissant, le père m'avait déjà tarabusté pour ça, et puis, je me suis pensé, que vous aimeriez peut-être mieux être seul.....

C'était donc ce cœur d'or qui avait allumé ce feu pour me faire la veillée, pensant la bonne âme, qu'il me tenait compagnie; c'était lui, ce rude matelot à la figure épaisse, aux mains calleuses qui avait tout préparé pour mon retour et qui, par un instinct sublime de délicatesse, que lui envierait un raffiné de sentiment, n'avait pas voulu se trouver à mon arrivée dans la crainte de me gêner.....

Me tromperai-je donc toujours sur les hommes ?

J'avais cru à l'inquiétude de tout le village et chacun avait dormi aussi paisiblement que de coutume; j'avais craint les : je vous l'avais bien dit d'Yvonnic, et je trouvais un ami de vingt ans, — lui, que je connaissais à peine et que je ne devais jamais connaître plus.

Pauvre Yvonnic! l'année suivante il alla comme les autres à Saint-Pierre pêcher la morue, et quand tous revinrent, le vaisseau sur lequel il était ne revint pas, ni plus tard, ni jamais !

Maintenant cette aventure a-t-elle été pour moi un enseignement, une leçon, un avertissement? Ai-je mis à exécution les beaux projets de réforme que j'avais faits sur le rocher? Ma vie a-t-elle changé ?..... Hélas non, je l'ai dit, j'appartiens à l'humanité et j'en ai toutes les défaillances, toutes les illusions, tous les aveuglements! Les pensées qui m'avaient assailli pendant les ténèbres s'évanouirent avec elles; le chemin que j'avais à faire et que je croyais fini, de nouveau s'ouvrait devant moi et je m'y aventurai avec toutes mes espérances comme si sa longueur ne devait jamais avoir un terme....

Soyons juste; de tout cela, je retirai cependant un enseignement et ce fut celui-ci :

Un jour que je disais au maire en parlant du père Goulven:

— Quel vieux dur à cuir que ce Goulven ?

— Le père Goulven, me répondit-il, c'est un vieux farceur, voilà tout!

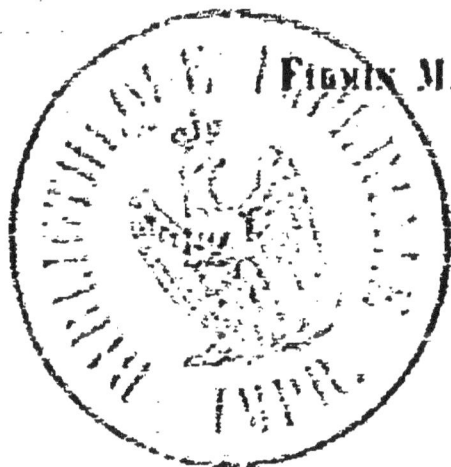

FIRMIN MAILLARD.

Gray, imprimerie de A. Roux.

ÉTUDES PSYCHOLOGIQUES

—

DU MÊME AUTEUR :

Histoire anecdotique et critique de la Presse parisienne. 1re, 2e et 3e années (1856, 1857, 1858). 2 v. in-18 (épuisé).

Recherches historiques et critiques sur la Morgue (1860). 1 v. in-18.

Etude sur le vieux Paris. — Le Gibet de Montfaucon (1864). 1 v. in-18.